캐릭터 소개

조 석

웹툰 작가.
각진 얼굴과 노란색 옷이
트레이드마크.
모든 말썽과
사건사고의 중심에서
이야기를 이끌어 간다.

최 애 봉

조석의 여자친구. 현모양처가 꿈으로
요리가 취미이지만 그 맛은
핵폭탄 수준으로 끔찍하다.

조 준

조석의 형. 항상 파란 모자와
파란 속옷을 고집한다.
조석에 버금가는 트러블 메이커이다.

아버지

조석 형제의 아버지. 본명은 조철왕. 가부장적이지만 잘 삐치는 소심한 성격이다.

어머니

조석 형제의 어머니로 조석 형제와 아버지의 말썽과 바보짓을 힘으로 다스린다.

행봉이

조석이 키우는 토이푸들로 애봉이를 닮았다.

차례

1. 감언이설(甘言利說) 12
2. 감탄고토(甘吞苦吐) 14
3. 개과천선(改過遷善) 16
4. 견물생심(見物生心) 18
5. 결초보은(結草報恩) 20
6. 고장난명(孤掌難鳴) 22
7. 고진감래(苦盡甘來) 24
8. 과유불급(過猶不及) 26
9. 군계일학(群鷄一鶴) 28
10. 기고만장(氣高萬丈) 30

고사성어 낱말퍼즐 ① 32

11. 낭중지추(囊中之錐) 34
12. 대기만성(大器晚成) 36
13. 동고동락(同苦同樂) 38
14. 동병상련(同病相憐) 40
15. 막역지우(莫逆之友) 42
16. 사면초가(四面楚歌) 44
17. 사필귀정(事必歸正) 46
18. 살신성인(殺身成仁) 48
19. 새옹지마(塞翁之馬) 50
20. 선견지명(先見之明) 52

고사성어 낱말퍼즐 ② 54

21. 설상가상(雪上加霜) 56
22. 소탐대실(小貪大失) 58
23. 심사숙고(深思熟考) 60
24. 아전인수(我田引水) 62
25. 어부지리(漁父之利) 64
26. 언중유골(言中有骨) 66
27. 오비이락(烏飛梨落) 68

28	와신상담(臥薪嘗膽)	70
29	용두사미(龍頭蛇尾)	72
30	우공이산(愚公移山)	74
	고사성어 낱말퍼즐 ③	76
31	우이독경(牛耳讀經)	78
32	유비무환(有備無患)	80
33	인과응보(因果應報)	82
34	일거양득(一擧兩得)	84
35	적반하장(賊反荷杖)	86
36	전전긍긍(戰戰兢兢)	88
37	조삼모사(朝三暮四)	90
38	주객전도(主客顚倒)	92
39	주경야독(晝耕夜讀)	94
40	천재일우(千載一遇)	96

	고사성어 낱말퍼즐 ④	98
41	청출어람(靑出於藍)	100
42	침소봉대(針小棒大)	102
43	타산지석(他山之石)	104
44	파죽지세(破竹之勢)	106
45	표리부동(表裏不同)	108
46	학수고대(鶴首苦待)	110
47	함흥차사(咸興差使)	112
48	호가호위(狐假虎威)	114
49	화룡점정(畫龍點睛)	116
50	환골탈태(換骨奪胎)	118
	고사성어 낱말퍼즐 ⑤	120

1 감언이설 (甘言利説)

귀가 솔깃하도록 남의 비위를 맞추거나
이로운 조건을 내세워 꾀는 말

감언이설

甘言利說
달 감   말씀 언   이로울 이   말씀 설

당나라 현종 때에 벼슬을 하던 이임보는 학식이 풍부한 사람도, 충성심이 깊은 사람도 아니었어요. 하지만 뛰어난 처세술 덕분에 벼슬을 지낼 수 있었지요. 이임보는 달콤한 말과 이로운 말로 현종의 비위를 잘 맞추었어요. 현종은 이임보의 말에 속아 간신들을 곁에 두었다가 뒤늦게 잘못을 깨달았지요. 그러니 듣기 좋은 말과 이로운 조건을 내세워 꾀는 사람을 조심해야 해요.

비슷한 사자성어

교언영색 (巧言令色): 아첨하는 말과 알랑거리는 표정이라는 뜻

2 감탄고토 (甘吞苦吐)

자기 비위에 맞으면 취하고
싫으면 버린다는 뜻

감탄고토

甘 吞 苦 吐
달 **감**   삼킬 **탄**   쓸 **고**   토할 **토**

달면 삼키고 쓰면 뱉는다는 뜻으로, 자기 비위에 맞으면 좋아하고 맞지 않으면 싫어한다는 의미예요. 우리 속담의 '달면 삼키고 쓰면 뱉는다'와 같은 말이지요. 이로울 때만 가까이 하고 필요하지 않으면 멀리하는 이기적인 마음으로 친구를 사귀는 게 아니라, 어떤 친구이든 벗과의 사귐에는 믿음이 밑바탕이 되어야 한답니다.

비슷한 사자성어

토사구팽 (兎死狗烹): 토끼를 잡으면 사냥개도 필요 없게 되어 주인에게 삶아 먹힌다는 뜻
염량세태 (炎凉世態): 힘이 있을 때는 아첨하여 따르고 힘이 없어지면 푸대접한다는 뜻

3 개과천선 (改過遷善)

지난날의 잘못을 고쳐 착하게 된다는 뜻

개과천선

改過遷善
고칠 개 허물 과 옮길 천 착할 선

중국 진나라의 주처는 어린 시절 온갖 나쁜 짓을 일삼았어요. 크면서 반성하기 시작했지만 사람들의 반응은 냉담했지요. 실망한 주처가 유명한 학자인 육기를 찾아가자, 육기는 "굳은 의지를 지니고 개과천선하면 자네의 앞날은 무한하네."라며 격려해 주었어요. 주처는 이후 10여 년 동안 학문과 덕을 익혀 마침내 학자가 되었지요. 쉽지 않겠지만 주처처럼 자신의 잘못을 인정하고 진심으로 반성할 줄 아는 사람이 되도록 노력해 보세요.

비슷한 사자성어

개과자신 (改過自新): 지난날의 잘못이나 허물을 고쳐 올바르고 착하게 된다는 뜻
회과천선 (悔過遷善): 잘못을 뉘우치고 착한 일을 하게 된다는 뜻

4 견물생심 (見物生心)

물건을 보면 그것을 갖고 싶은 마음이 생김

견물생심

見 物 生 心
볼 견 물건 물 날 생 마음 심

물건을 실제로 보면 가지고 싶은 마음이 생긴다는 뜻이에요. 대부분 사람들은 좋은 물건을 보면 가지고 싶다는 생각을 하게 돼요. 이럴 때 쓰는 말이 바로 '견물생심'이에요. 하지만 아무리 욕심이 나더라도 자신의 물건이 아니거나, 자신의 분수를 넘어서는 물건이면 더 이상 탐내지 않고 절제할 줄 알아야 해요. 욕심이 지나치면 오히려 화를 부르게 된답니다.

비슷한 사자성어

득롱망촉 (得隴望蜀): 농나라를 얻고 나니 촉나라를 갖고 싶다는 뜻으로 인간의 끝없는 욕심을 이르는 말

5 고장난명 (孤掌難鳴)

혼자서는 일을 이루지 못하거나, 맞서는 사람이 없으면 싸움이 되지 않음을 일컫는 말

고장난명

孤掌難鳴
외로울 고 손바닥 장 어려울 난 울 명

외손뼉, 즉 한 손으로는 소리가 나지 않는다는 뜻이에요. 혼자서는 일을 이루지 못하거나, 맞서는 사람이 없으면 싸움이 되지 않음을 이르는 말이지요. 의견이 서로 맞지 않아 일이 성사되지 않을 경우, "손바닥도 마주쳐야 소리가 나지."라고 하는데, 고장난명을 우리말로 옮긴 것이에요. 그 외에 서로 부딪쳐야 싸움도 된다는 식의 부정적인 의미로도 쓰인답니다.

비슷한 사자성어 / 속담

십시일반 (十匙一飯): 밥 열 술이 한 그릇이 된다는 뜻으로, 여러 사람이 조금씩 힘을 합하면 쉽게 한 사람을 도울 수 있다는 말

순망치한 (脣亡齒寒): 입술이 없으면 이가 시리다는 뜻으로, 서로 이해관계가 밀접한 어느 한쪽이 망하면 다른 한쪽도 어려워진다는 말

백지장도 맞들면 낫다: 쉬운 일이라도 협력하여 하면 훨씬 쉽다는 말

6 결초보은(結草報恩)

죽어서도 은혜를 잊지 않고 갚는다는 말

결초보은

結 草 報 恩
맺을 결 풀 초 갚을 보 은혜 은

풀을 묶어 은혜를 갚음. 중국 진나라 군주 위무자는 아들에게 자신이 죽으면 애첩을 재가시키라고 말했다가, 위독해지자 애첩을 함께 묻어달라고 했어요. 위무자가 죽자, 아들은 애첩을 다른 곳에 시집보냈어요. 세월이 흐른 후 전투에 나간 아들이 적장에게 쫓길 때 갑자기 무덤 위의 풀이 묶여 적장의 발목이 걸려 넘어졌지요. 그 무덤은 시집보낸 애첩의 아버지 무덤이었답니다. 딸을 살려 준 은혜를 죽어서도 잊지 않고 갚은 것이지요.

비슷한 사자성어

백골난망 (白骨難忘) : 죽어서 백골이 되어도 잊을 수 없다는 뜻

7 고진감래 (苦盡甘來)

고생 끝에 낙이 온다라는 말

고진감래

苦 盡 甘 來
쓸 고 다할 진 달 감 올 래

쓴 것이 다하면 단 것이 온다는 뜻으로, 고생 끝에 낙이 온다는 말이에요. 힘들고 어려운 일을 겪은 후에는 즐거운 일이 다가온다는 말이지요. 겨울의 큰 추위가 지나가면 따뜻한 봄이 오듯이, 지금 지치고 그만두고 싶더라도 포기하지 말고 끝까지 버텨 이겨내라는 격려의 의미에서 쓰는 말이에요.

비슷한 사자성어

전화위복 (轉禍爲福): 재앙과 근심, 걱정이 바뀌어 오히려 복이 된다는 뜻

8 과유불급(過猶不及)

지나친 것은 미치치 못한 것과 같다는 뜻

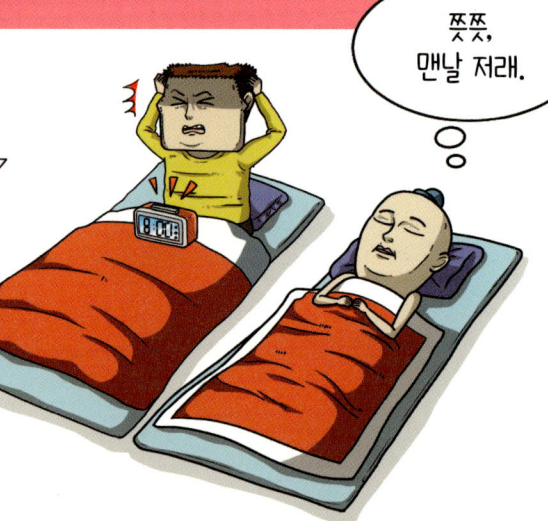

과유불급

過猶不及
지날 과 오히려 유 아닐 불 미칠 급

《논어》에 나오는 말로, 공자는 "지나친 것은 미치지 못한 것과 같다(過猶不及)"고 했지요. 지나치거나 모자라지 않고 한쪽으로 치우치지 않는 상태가 중요하다는 말이에요. 다이어트를 지나치게 하여 몸을 해치거나, 잠도 자지 않고 무리해서 공부를 하면 오히려 시험을 망칠 수도 있어요. 무엇이든 적당함이 가장 좋지요.

비슷한 사자성어

교각살우 (矯角殺牛): 소의 뿔을 바로잡으려다가 소를 죽인다는 뜻으로, 정도가 지나쳐 오히려 일을 망친다는 말

소탐대실 (小貪大失): 작은 것을 탐하다가 큰 것을 잃는다는 뜻

교왕과직 (矯枉過直): 굽은 것을 바로잡으려다가 정도에 지나치게 곧게 한다는 뜻

9 군계일학 (群鷄一鶴)

많은 사람 가운데 가장 뛰어난 사람을 이르는 말

군계일학

群 鷄 一 鶴
무리 군   닭 계   하나 일   학 학

닭의 무리 중에 있는 한 마리 학이란 뜻으로, 많은 사람 가운데 뛰어난 사람을 이르는 말이에요. 여러 평범한 사람들 가운데 유난히 돋보이는 사람이나, 무리 가운데 단연 빼어난 존재를 가리킬 때 쓰는 표현이죠. 우리 주위에도 자신의 분야에서 유독 실력이 돋보이거나 빼어난 사람들을 볼 수 있어요. 돋보이는 사람은 저절로 되는 것이 아니에요. 남들보다 훨씬 많은 노력을 해야 이룰 수 있어요.

비슷한 사자성어

철중쟁쟁 (鐵中錚錚): 여러 쇠붙이 가운데서도 유난히 맑게 쟁그랑거리는 소리가 난다는 뜻으로, 같은 무리 가운데서도 가장 뛰어나다는 말

간세지재 (間世之材): 여러 세대를 통하여 드물게 나는 인재라는 뜻

동량지재 (棟梁之材): 기둥과 들보로 쓸 만한 재목이라는 뜻으로, 집안이나 나라를 떠받치는 중요한 인재를 뜻하는 말

10 기고만장 (氣高萬丈)

자랑스럽게 여겨 기세가 등등한 모습을 나타내는 말

기고만장

氣 高 萬 丈
기운 기　높을 고　일만 만　어른 장

장(丈)은 길이 단위로, 한 장은 약 3m에 해당해요. 아주 높이 만장의 길이만큼 기세가 올라 있다는 말로, 기고만장은 자신의 능력이나 성과에 우쭐하여 으스대는 모습을 비유하는 말이지요. 글자 자체에 오만하다는 뜻은 없지만, 주로 힘이 잔뜩 들어가 오만하고 방자하게 비춰지는 태도를 일컫는데 많이 쓰인답니다. 벼는 익을수록 고개를 숙이듯이, 항상 겸손함을 갖춰야겠지요.

비슷한 사자성어

기염만장 (氣焰萬丈): 기세가 대단히 높다는 뜻
호기만장 (豪氣萬丈): 잘난 체하며 뽐내는 기세가 매우 높다는 뜻
기세등등 (氣勢騰騰): 기세가 매우 높고 힘찬 모양을 뜻하는 말
의기양양 (意氣揚揚): 뜻한 바를 이루어 만족한 마음이 얼굴에 나타난 모양을 뜻하는 말

고사성어 낱말퍼즐 1

가로 열쇠

1. 귀가 솔깃하도록 남의 비위를 맞추거나 이로운 조건을 내세워 꾀는 말
2. 초등학교에 다니는 학생
3. ○○를 갚다.

세로 열쇠

1. '달면 삼키고, 쓰면 뱉는다.'
   자기 비위에 맞으면 취하고 싫으면 버린다는 뜻
2. 죽어서도 은혜를 잊지 않고 갚는다는 말
3. 물건을 보면 그것을 갖고 싶은 마음이 생김

11 낭중지추(囊中之錐)

재능이 아주 빼어난 사람은 숨어 있어도
저절로 남의 눈에 드러난다는 뜻

낭중지추

囊 中 之 錐
주머니 **낭** 가운데 **중** 갈 **지** 송곳 **추**

주머니 속에 송곳을 넣어 다니면 어떻게 될까요? 송곳의 끝은 뾰족하기 때문에 서서히 주머니를 뚫고 밖으로 삐져나오게 되겠죠? 이처럼 주머니 속의 송곳이 밖으로 모습을 드러내듯, 재능이 뛰어난 사람은 남의 눈에 띄어 저절로 세상에 드러난다는 말이에요. 당장 알아주지 않는다고 조급해하지 않고 맡은 일에 최선을 다하다 보면, 자신의 능력이 저절로 드러나게 될 거예요.

비슷한 사자성어

모수자천 (毛遂自薦): 모수가 스스로를 천거했다는 뜻으로, 부끄러움 없이 자기를 내세우는 사람을 빗대어 가리키는 말

12 대기만성 (大器晚成)

큰 사람이 되기 위해서는 많은 노력과 시간이 필요함을 나타내는 말

대기만성

大器晩成
큰 대 그릇 기 늦을 만 이룰 성

큰 그릇은 늦게 이루어진다는 뜻으로, 노자의 《도덕경》에 나온 말이에요. 크게 될 사람은 쉽게 이루어지지 않는다는 의미로 쓰이거나, 나이가 들어 늦게 성공하는 경우를 가리킬 때 쓰는 말이지요. 유명한 인물 중에는 늦은 나이에 성공한 사람들도 많아요. 주저앉은 개구리가 멀리 뛰듯이, 급하게 서두르지 않고 묵묵히 노력한다면 늦게라도 뜻을 이룰 수 있으니 포기하지 마세요.

비슷한 사자성어
대재만성 (大才晩成): 큰 재주를 가진 사람은 늦게 이루어진다는 뜻

반대 사자성어
조숙조로 (早熟早老): 빨리 자라면 빨리 늙는다는 뜻

13 동고동락(同苦同樂)

같이 고생하고 같이 즐김,
괴로움도 즐거움도 함께 더불어 하는 것을 말함

동고동락

同苦同樂
한가지 **동** 쓸(괴로울) **고** 같을 **동** 즐거울 **락**

괴로움을 함께하고 즐거움도 함께한다는 뜻으로, 세상의 즐거운 일과 괴로운 일들을 모두 함께 겪는 것을 말해요. 어떤 상황에서도 운명을 함께하는 사이를 가리키기도 하지요. 오래 같이 산 부부나, 고난과 성공을 같이 겪은 동료나 친구, 형제 등이 동고동락한 사이라고 할 수 있어요.

비슷한 사자성어

백년고락 (百年苦樂) : 긴 세월 동안의 괴로움과 즐거움을 아울러 이르는 말

14 동병상련(同病相憐)

어려운 처지에 있는 사람끼리
서로 가엾게 여기고 돕는 것을 말함

동병상련

同 病 相 憐
한가지 **동**　병 **병**　서로 **상**　불쌍히 여길 **련**

같은 병을 앓는 사람끼리 서로 가엾게 여긴다는 뜻으로, 어려운 처지에 있는 사람끼리 서로 가엾게 여기고 돕는 것을 말해요. 나와 비슷한 처지에 있거나 비슷한 고민을 가진 친구와 이야기가 더 잘 통하는 것도 그런 이유랍니다. 홍수가 나서 같이 물난리를 겪고 지진 때문에 같은 피해를 입었다면 동병상련의 아픔이라고 말할 수 있겠지요.

비슷한 사자성어

유유상종 (類類相從): 같은 무리끼리 서로 사귄다는 뜻
초록동색 (草綠同色): 풀빛과 녹색은 같은 빛깔이란 뜻으로, 같은 처지의 사람과 어울리거나 끌리는 것을 이르는 말
동주상구 (同舟相救): 같은 배를 탄 사람끼리 서로 돕는다는 뜻으로, 같은 처지에 놓이면 서로 돕게 된다는 말

15 막역지우(莫逆之友)

허물없이 아주 친한 친구를 이르는 말

막역지우

莫逆之友
없을 **막** 거스릴 **역** 갈 **지** 벗 **우**

서로 거스르지 않는 친구라는 뜻으로, 아무 허물없이 친한 친구를 가리키는 말이에요. 유래에 따르면 막역지우란, 천지의 참된 도를 깨달아 사물에 얽매이지 않는 마음을 가진 사람 간의 교류를 뜻하는 것이었어요. 하지만 오늘날에는 서로 허물없는 친구 사이를 모두 가리키게 되었지요. 아무 허물없이 마음이 잘 통하는 친구가 옆에 있다면, 그처럼 행복한 일도 없을 거예요.

비슷한 사자성어

금란지교 (金+蘭之交): 친구 사이의 매우 두터운 정을 이르는 말
수어지교 (水魚之交): 물고기와 물의 관계라는 뜻으로, 아주 친밀하여 떨어질 수 없는 사이를 이르는 말
지란지교 (芝蘭之交): 지초와 난초의 교제라는 뜻으로, 벗 사이의 맑고도 고귀한 사귐을 이르는 말

16 사면초가 (四面楚歌)

적에게 둘러싸인 상태나, 도움도 받을 수 없는 외롭고 곤란한 지경에 빠진 형편을 이르는 말

사면초가

四面楚歌
넉 **사**   낯 **면**   초나라 **초**   노래 **가**

초나라의 항우가 한나라의 유방과의 오랜 전투로 군사들이 지쳐 있을 때였어요. 유방은 포로로 잡은 초나라 군사들에게 초나라 노래를 부르게 했어요. 사방에서 고향의 노래가 들리자 초나라 군사들은 고향 생각에 사기가 떨어져 도망쳐 버렸고 결국, 항우는 패배하고 말았지요. 이렇듯 '사면초가'는 사방이 초나라의 노래라는 뜻으로, 아무에게도 도움을 받지 못하는 외롭고 곤란한 상황을 이르는 말이에요.

비슷한 사자성어

고립무원(孤立無援): 고립되어 구원을 받을 데가 없다는 뜻

진퇴양난(進退兩難): 이러지도 저러지도 못하는 어려운 처지라는 뜻

진퇴유곡(進退維谷): 이러지도 저러지도 못하고 꼼짝할 수 없는 궁지

17 사필귀정 (事必歸正)

모든 일은 반드시 바른길로 돌아감

사필귀정

事必歸正
일 **사**   반드시 **필**   돌아갈 **귀**   바를 **정**

모든 일은 반드시 바른 데로 돌아간다는 뜻으로, 처음에는 그릇된 것처럼 보였던 일도 결국에는 바른 이치로 돌아간다는 의미예요. 처음에는 옳고 그름을 가리지 못하여 올바르지 못한 일이 기승을 부릴 수는 있지만, 오래가지 못하고 결국에는 정의가 이기게 되어 있지요. 떳떳하지 못한 일로 당장은 성공할 수 있어도 결국에는 그 대가를 치르게 되어 있으니 항상 바르게 살아가라는 뜻이에요.

비슷한 사자성어

사불범정 (邪不犯正): 바르지 못한 것이 바른 것을 건드리지 못한다는 뜻
종두득두 (種豆得豆): 콩을 심으면 반드시 콩이 나온다는 뜻으로, 원인에 따라 결과가 생김을 이르는 말
자업자득 (自業自得): 자기가 저지른 일의 결과를 자기가 받는다는 뜻
자승자박 (自繩自縛): 자기의 줄로 자기 몸을 옭아 묶는다는 뜻으로, 자기가 한 행동이 자식을 곤란하게 한다는 말

18 살신성인(殺身成仁)

자기의 몸을 희생하여 옳은 일을 행함

살신성인

殺身成仁
죽일 **살** 몸 **신** 이룰 **성** 어질 **인**

자신의 몸을 죽여 인을 이룬다는 뜻으로, 자기의 몸을 희생하여 옳은 도리를 행함을 이르는 말이에요. 뉴스를 보면 가끔 자기 목숨을 돌보지 않고 물에 빠진 사람을 건지거나, 지하철 선로에 떨어진 사람을 구한 일화가 나와요. 이런 사람들이 바로 살신성인을 행한 사람들이지요. 자신의 고통을 감수하며 이웃에 봉사하거나 자신의 이익을 양보하여 남을 위하는 경우에도 사용할 수 있는 말이에요.

비슷한 사자성어

사생취의 (捨生取義): 목숨을 버리고 의를 얻는다는 뜻
살신입절 (殺身立節): 자기의 몸을 희생하여 인(仁)을 이룬다는 뜻

19 새옹지마(塞翁之馬)

세상일의 좋고 나쁨을 미리 예측할 수 없다는 말

새옹지마

塞翁之馬

변방 **새** 늙은이 **옹** 갈 **지** 말 **마**
막힐 **색**

중국 변방의 한 노인이 기르던 말이 달아났다가 짝을 데리고 돌아왔는데, 그의 아들이 말을 타다가 다리가 부러져 전쟁에 나가지 않게 되어 목숨을 구했다는 고사에서 유래된 말이에요.
새옹의 말. 즉 변방 노인의 말처럼 복이 화가 되기도 하고, 화가 복이 될 수도 있다는 뜻이지요. 인생은 언제 어떻게 될지 알 수 없기 때문에 좋은 일이 생겼다고 너무 자만할 것도, 나쁜 일이 생겼다고 너무 낙심할 것도 없어요.

비슷한 사자성어

전화위복 (轉禍爲福): 재앙과 근심, 걱정이 바뀌어 오히려 복이 된다는 뜻
호사다마 (好事多魔): 좋은 일에는 흔히 방해되는 일이 많다는 뜻

20 선견지명(先見之明)

지금의 상황을 잘 살펴 앞으로 일어날 일을 예측하는 지혜를 말함

선견지명

先 見 之 明
먼저 **선** 볼 **견** 갈 **지** 밝을 **명**

앞을 내다보는 안목이라는 뜻으로, 어떤 일이 일어나기 전에 미리 앞을 내다보는 지혜를 이르는 말이에요. 미래를 보는 일은 책이나 영화 속에서만 가능하지만, 여러 가지 상황을 잘 따져 보면 앞으로 어떤 일이 일어날지 예측은 할 수 있어요. 전쟁이 일어나면 적의 계획을 미리 가늠하고 대처해야 나라를 구할 수 있어요. 발명가들은 미래를 내다보는 지혜를 발휘해 다양한 제품과 기술을 개발해요.

비슷한 사자성어

독견지명 (獨見之明): 남이 보지 못하는 것을 보고, 남이 깨닫지 못하는 것을 깨닫는 지혜

좌견천리 (坐見千里): 자리에 앉아서 천 리를 본다는 뜻으로, 보이지 않는 먼 곳이나 앞으로 일어날 일을 내다봄을 이르는 말

고사성어 낱말퍼즐 2

가로 열쇠

1. 적에게 둘러싸인 상태나, 도움도 받을 수 없는 외롭고 곤란한 지경에 빠진 형편을 이르는 말
2. 씩씩하고 굳센 기운
3. 자기의 몸을 희생하여 옳은 일을 행함

세로 열쇠

1. 모든 일은 반드시 바른길로 돌아감
2. 짚이나 갈대 따위로 지붕을 인 집
3. 큰 그릇이 되기 위해서는 많은 노력과 시간이 필요함을 나타내는 말

21 설상가상 (雪上加霜)

좋지 않은 일이 연거푸 일어남

설상가상

雪上加霜
눈 설　위 상　더할 가　서리 상

눈 위에 다시 서리가 내려 쌓인다는 뜻으로, 좋지 않은 일이 연거푸 일어난다는 뜻이에요. 눈만 내려도 추운데 거기에 서리까지 내리면 더 춥겠지요. 흔히 '엎친 데 덮치다', '엎친 데 덮친 격' 등으로 풀어서 많이 사용해요. 일이 잘 풀리지 않고 자꾸 꼬이기만 할 때 쓰는 '머피의 법칙'과도 비슷한 상황이라고 할 수 있지요.

비슷한 사자성어

설상가설 (雪上加雪): 눈 위에 서리가 덮인다는 뜻, 난처한 일이나 불행한 일이 잇따라 일어남을 이르는 말
병상첨병 (病上添病): 앓는 중에 또 다른 병이 겹쳐 생긴다는 뜻
전호후랑 (前虎後狼): 앞에는 호랑이 뒤에는 이리라는 뜻으로, 재앙이 계속 일어날 때를 이르는 말

22 소탐대실(小貪大失)

작은 것을 탐내다가 큰 것을 잃어버린다는 말

소탐대실

小貪大失
작을 소 탐할 탐 큰 대 잃을 실

중국 전국 시대 촉나라 왕은 욕심 많은 사람이었어요. 진나라 혜왕은 촉왕에게 사신을 보내 나라 간의 오고갈 길을 뚫는다면 '황금 똥을 누는 소'를 보내겠다고 했지요. 촉왕은 이에 눈이 어두워져 산을 깎아 길을 뚫어 줬고, 혜왕은 이 길로 병사를 보내 촉나라를 점령했어요. 촉왕은 조그만 이익을 얻으려다 나라를 잃게 된 거예요. 눈앞의 이익에만 집착하면 소탐대실의 우를 범할 수 있답니다.

비슷한 사자성어

교각살우 (矯角殺牛): 소의 뿔을 바로잡으려다가 소를 죽인다는 뜻으로, 잘못된 점을 고치려다가 그 정도가 지나쳐 오히려 일을 그르친다는 말

수주탄작 (隨株彈雀): 수후의 구슬로 새를 잡는다는 뜻으로, 작은 것을 얻으려다 큰 것을 손해 보게 되는 것을 이르는 말

23 심사숙고 (深思熟考)

깊이 생각하고 또 생각함,
매우 신중하게 생각하는 모습

심사숙고

深思熟考
깊을 **심**　생각 **사**　익을 **숙**　생각할 **고**

숙(熟)은 '익다', 고(考)는 '곰곰이 생각한다'는 뜻이에요. 그래서 숙고(熟考) 하면 곰곰이 생각하고 깊이 고려함을 의미한답니다. 중요한 일을 할 때에는 깊이 생각하고 또 생각해서 결정을 내리지요. 하지만 심사숙고하기에는 시간이 부족하거나 상황이 급하여 눈앞의 문제를 해결하는 데 급급한 경우도 많아요. 반대로 지나치게 오래 생각하다 기회를 놓칠 수도 있으니 주의해야 해요.

비슷한 사자성어

심사묵고 (深思默考): 고요하게 깊이 생각한다는 뜻
심사숙려 (深思熟慮): 깊이 잘 생각한다는 뜻

24 아전인수(我田引水)

자기에게만 유리하게 해석하고 행동하는 태도를 말함

아전인수

我 田 引 水
나아 밭전 끌인 물수

자기 논에만 물을 끌어와 대려는 행동으로, 자기 욕심만 차리는 모습을 뜻해요. '제 논에 물 대기'라는 속담과 같은 말이지요. 가뭄이 들어 모든 논에 물이 없을 때, 물길을 자기 논으로 내어 모든 물을 가져간다면 정말 이기적인 행동이겠지요? 어떤 상황에 대해 자신의 입장에 맞추어 해석하고 자기에게 유리한 쪽으로 궤변을 늘어놓는 행동을 두고 '아전인수 격이다'라는 표현이 자주 쓰여요.

비슷한 사자성어

견강부회 (牽强附會) : 이치에 맞지 않는 말을 억지로 끌어 붙여 자기에게 유리하게 함

25 어부지리 (漁夫之利)

두 사람이 맞붙어 다투는 바람에 엉뚱한 제3자가 덕을 본다는 뜻

어부지리

漁夫之利
고기 잡을 **어** 지아비 **부** 갈 **지** 이로울 **리(이)**

조개와 황새가 서로 싸우는 바람에 어부가 둘 다 잡아 이득을 보았다는 옛 이야기에서 나온 말로, 둘이 다투는 사이 엉뚱한 제3자가 이익을 보는 것을 뜻해요. 달리기 시합에서 1등과 2등이 계속 신경전을 벌이다 둘 다 넘어지는 통에 3등인 선수가 어부지리로 우승을 차지하게 되는 경우도 있어요. 눈앞의 이익만 생각하고 싸우다가 손해를 볼 수도 있으니 서로 조금씩 양보하면 좋겠지요?

비슷한 사자성어
방휼지쟁 (蚌鷸之爭): 도요새가 조개와 다투다가 다 같이 어부에게 잡히고 말았다는 뜻으로 엉뚱한 이의 이득을 이르는 말

26 언중유골 (言中有骨)

예사로운 말 같으나 그 속에 단단한 속뜻이 들어 있음을 일컫는 말

언중유골

言中有骨
말씀 **언** 가운데 **중** 있을 **유** 뼈 **골**

말 속에 뼈가 들어 있다는 뜻으로, 부드러운 말 속에 단단한 속뜻이 담겨 있는 것을 말해요. 꼭 해야 할 말이나 뜻을 부드러운 말 속에 담아 비유적으로 전할 때 쓰는 표현입니다. 그래서 얼핏 들으면 농담 같지만 잘 생각해 보면 비판이나 진담이 담겨 있을 수도 있어요. 상대방의 허물이나 과실을 바로 지적하지 않고 에둘러 말할 때도 쓰여요. 격언이나 속담 등에 이와 같은 언중유골이 많아요.

비슷한 사자성어

담언미중 (談言微中): 감정이 상하지 않게 돌려서 상대방의 급소를 찌르는 말
언중유언 (言中有言): 말 가운데 말이란 뜻으로, 곧, 순한 듯한 말속에 어떤 암시(暗示)가 들어 있다는 말
언중유향 (言中有響): 말 속에 울림이 있다는 뜻으로, 내용 이상의 깊은 뜻이 있음을 이르는 말
언외지의 (言外之意): 말에 나타난 뜻 이외의 숨어 있는 뜻

27 오비이락(烏飛梨落)

아무 상관없는 일이 같이 일어나
억울하게 의심을 받거나 난처하게 된다는 말

7번 문제가 좀 어려웠죠? 혹시 다 푼 사람 있나요?

겨드랑이가 갑자기 왜 가렵지? 목욕할 때가 됐나?

오비이락

烏 飛 梨 落
까마귀 오 날 비 배나무 이 떨어질 락

까마귀 날자 배 떨어진다는 뜻으로, 아무 관계도 없이 한 일이 공교롭게도 비슷한 시기에 일어나 억울하게 의심을 받거나 궁지에 몰린 상황을 나타내요. 하필 날아가려고 튀어 오르는 순간 배가 떨어지면 농부는 까마귀의 짓이라고 의심할 수 있어요.
오이 밭에서는 신발도 고쳐 신지 말라는 말도 있지요. 오이를 훔치는 것처럼 보일 수 있으니까요. 애초에 남의 오해를 살 일을 해서는 안 된다는 뜻이기도 해요.

비슷한 사자성어

과전이하 (瓜田李下): 오이밭에서 신을 고쳐 신지 말고 자두나무 밑에서 갓을 고쳐 쓰지 말라는 뜻으로, 의심받기 쉬운 행동은 피하는 것이 좋음을 이르는 말

28 와신상담 (臥薪嘗膽)

원수를 갚거나 마음먹은 일을 이루기 위하여
온갖 어려움과 괴로움을 참고 견딤을 비유적으로 이르는 말

와신상담

臥薪嘗膽
누울 와　섶나무 신　맛볼 상　쓸개 담

섶나무 위에서 자고 쓸개를 맛본다는 뜻으로, 원수를 갚거나 마음먹은 일을 이루기 위해 어떤 고난도 참고 견딘다는 말이에요. 중국 오나라의 왕 부차가 아버지의 원수를 갚기 위해 장작더미 위에서 잠을 자며 월나라 구천에게 복수할 것을 맹세하였고, 그에게 패배한 월나라의 왕 구천이 쓸개를 핥으면서 복수를 다짐한 데서 유래했지요. 어떤 일을 반드시 이루어 내겠다는 강한 의지를 가리키는 말로도 쓰여요.

비슷한 사자성어

절치액완 (切齒扼腕): 이를 갈고 팔을 걷어붙이며 몹시 분해한다는 뜻
회계지치 (會稽之恥): 회계산에서의 수치라는 뜻으로, 전쟁에 패한 치욕을 이르는 말
좌신현담 (坐薪懸膽): 원수를 갚기 위해 각고의 노력을 함을 이르는 말
발분망식 (發憤忘食): 끼니까지도 잊을 정도로 어떤 일에 열중하여 노력함

29 용두사미 (龍頭蛇尾)

처음은 좋지만 끝이 좋지 않음을 이르는 말

용두사미

龍頭蛇尾
용 **용** 머리 **두** 뱀 **사** 꼬리 **미**

머리는 용이고 꼬리는 뱀이라는 뜻으로, 시작은 좋았다가 갈수록 나빠지는 것을 말해요. 처음 출발은 거창하지만, 그 결과는 보잘것없이 흐지부지되는 것을 가리키지요. 흔히 과감한 사람들은 시작은 잘하나 끝을 맺지 못하고, 우유부단하거나 소심한 사람은 시작부터 두려워하는 경우가 많아요. 시작부터 끝까지 잘하기는 생각보다 어려운 일이므로, 용두사미가 되지 않으려면 꾸준한 노력이 필요해요.

비슷한 사자성어

유두무미 (有頭無尾): 머리는 있어도 꼬리가 없다는 뜻으로, 일이 흐지부지 끝나 버림을 비유
작심삼일 (作心三日): 단단히 먹은 마음이 사흘을 가지 못한다는 뜻으로, 결심이 굳지 못함을 이르는 말

30 우공이산 (愚公移山)

남이 보기엔 어리석은 일처럼 보여도 끊임없이 노력하면 반드시 이루어짐을 이르는 말

우공이산

愚公移山
어리석을 우 공평할 공 옮길 이 뫼 산

우공이 산을 옮긴다는 뜻으로, 어떤 일이든 끊임없이 노력하면 반드시 이루어짐을 이르는 말이에요. 우공이라는 노인이 집을 가로막은 산을 옮기려고 대대로 산의 흙을 파서 나르겠다고 하여, 이에 감동한 하느님이 산을 옮겨 주었다는 데서 유래했지요. 어리석어 보이는 일일지라도 포기하지 않고 끊임없이 노력하면 마침내 큰일을 이룰 수 있다는 말이에요.

비슷한 사자성어

철저성침 (鐵杵成針): 철 절굿공이로 바늘을 만든다는 뜻으로, 아주 오래 노력하면 성공한다는 말을 나타냄

진합태산 (塵合泰山): 작은 물건도 많이 모이면 큰 것이 됨

마부작침 (磨斧作針): 도끼를 갈아서 바늘을 만든다는 뜻으로, 어떤 일도 끊임없이 노력하면 반드시 이룰 수 있다는 말

고사성어 낱말퍼즐 3

가로 열쇠

1. 개인이 특별한 목적을 갖지 않고 자유롭게 쓸 수 있는 돈
2. 깊이 생각하고 또 생각함, 매우 신중하게 생각하는 모습
3. 어려운 일이 연속적으로 일어남

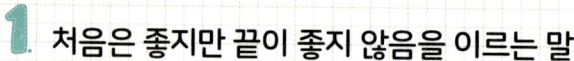

세로 열쇠

1. 처음은 좋지만 끝이 좋지 않음을 이르는 말
2. 고물을 사고파는 장사나 그런 장수를 이르는 말
3. 원수를 갚거나 마음먹은 일을 이루기 위하여 온갖 어려움과 괴로움을 참고 견딤을 비유적으로 이르는 말

31 우이독경 (牛耳讀經)

애써 알려 주어도 알아듣지 못하거나
효과가 없는 경우에 쓰는 말

우이독경

牛耳讀經
소 우 귀 이 읽을 독 글 경

소의 귀에 대고 경전을 읽어 주면 어떨까요? 당연히 소는 한마디도 알아듣지 못하겠죠. 우이독경은 이처럼 좋은 뜻이 담긴 말을 아무리 가르쳐 주어도 알아듣지 못하거나 효과가 없는 경우에 쓰는 말이에요. 좋은 말을 들려주거나 가르침을 주어도 애초에 관심이 없거나 자신의 의사와 반대되는 의견이어서 귀 기울여 듣지 않는 경우에도 쓰여요.

비슷한 사자성어

마이동풍(馬耳東風): 동풍이 말의 귀를 스쳐 간다는 뜻으로, 남의 말을 귀담아듣지 않고 지나쳐 흘려버림을 이르는 말

대우탄금(對牛彈琴): 소를 마주 대하고 거문고를 탄다는 뜻으로, 어리석은 사람에게는 깊은 이치를 말해 주어도 알아듣지 못해 소용이 없다는 말

우이송경(牛耳誦經): 쇠귀에 경 읽기라는 뜻으로, 아무리 가르치고 일러 주어도 알아듣지 못함을 이르는 말

32 유비무환 (有備無患)

평소에 준비가 철저하면 근심이 없음을 뜻하는 말

유비무환

有備無患
있을 유 갖출 비 없을 무 근심 환

미리 준비가 되어 있으면 걱정할 일이 없다는 뜻이에요. 진나라의 신하였던 사마위강은 자신이 모시는 도강에게 '나라가 편안할 때일수록 위기가 닥쳐올 것을 대비해야 하며, 미리 준비를 하고 있으면 걱정할 것이 아무것도 없다'는 말을 했어요. 이 말을 깊이 새겨들은 도강은 천하통일을 이루었지요. 일이 닥쳐서야 서두르거나 당황하지 말고 미리 준비해 두는 습관을 기르도록 해요.

비슷한 사자성어

유비무우(有備無憂): 평소에 준비가 철저하면 후에 근심이 없음을 뜻하는 말
거안사위(居安思危): 평안할 때에도 위험과 곤란이 닥칠 것을 생각하며 잊지 말고 미리 대비해야 함
곡돌사신(曲突徙薪): 굴뚝을 구부리고 아궁이 근처의 땔나무를 옮긴다는 뜻으로, 재앙의 근원을 미리 방지함을 이르는 말
안거위사(安居危思): 편안할 때에 어려움이 닥칠 것을 미리 대비하여야 함

33 인과응보(因果應報)

원인과 결과에는 반드시 그에 합당한 이유가 있다는 뜻으로, 행한 대로 결실을 얻는다는 말

아버지는 깜짝 놀라게 하는 걸 좋아하신다. 가족들의 불만에도 불구하고 장난은 더 정성스러워졌다.

인과응보

因果應報
안할 **인**　실과 **과**　응할 **응**　갚을 **보**

원인과 결과에는 반드시 그에 합당한 이유가 있다는 뜻이에요. 본래는 불교용어로, 전생에 저지른 악한 행동에 따라 이생에 그에 걸맞는 결과가 주어진다는 뜻입니다. 행위의 선악에 대한 결과를 후에 받게 된다는 말로 흔히 죄값을 치른다는 뜻으로, 좋은 일에는 좋은 결과가, 나쁜 일에는 나쁜 결과가 따른다는 뜻이기도 해요. 자신의 운명은 곧 자신의 행동에 따라 주어진 것이라는 의미를 담고 있어요.

비슷한 사자성어

사필귀정 (事必歸正): 모든 일은 반드시 바른길로 돌아간다는 뜻
권선징악 (勸善懲惡): 착한 일을 권장하고 악한 일을 벌한다는 뜻
자승자박 (自繩自縛): 자기의 줄로 자기 몸을 옭아 묶는다는 뜻으로, 자기가 한 행동이 자식을 곤란하게 한다는 말
자업자득 (自業自得): 자기가 저지른 일의 결과를 자기가 받는다는 뜻
종두득두 (種豆得豆): 콩을 심으면 반드시 콩이 나온다는 뜻으로, 원인에 따라 결과가 생김을 이르는 말

34 일거양득(一擧兩得)

한 가지 일을 하여 두 가지 이익을 얻음을 이르는 말

일거양득

一擧兩得
한 일 들 거 두 양 얻을 득

하나를 들어 둘을 얻는다는 뜻으로, 한 가지 일을 하여 두 가지 이익을 얻는 경우를 나타내는 말이에요. 노나라의 한 장수가 시종의 충고대로 호랑이 두 마리가 싸우는 걸 지켜보다, 한 마리는 죽고 한 마리는 상처를 입자 한꺼번에 호랑이 두 마리를 잡을 수 있었어요. 무슨 일을 할 때 급하게 하기 보다 차분하게 깊이 생각하고 행동하다 보면 두 가지의 행운을 가질 기회가 더 많이 올 거예요.

비슷한 사자성어

일석이조 (一石二鳥): 돌 한 개를 던져 새 두 마리를 잡는다는 뜻으로, 동시에 두 가지 이득을 봄을 이르는 말
일거이득 (一擧二得): 한 가지 일을 하여 두 가지 이익을 얻음
일전쌍조 (一箭雙鵰): 화살 하나로 수리 두 마리를 떨어뜨린다는 뜻

35 적반하장 (賊反荷杖)

잘못한 사람이 도리어
아무 잘못도 없는 사람을 나무람을 아르는 말

적반하장

賊反荷杖
도둑 **적** 뒤집을 **반** 꾸짖을 **하** 지팡이 **장**

도둑이 거꾸로 몽둥이를 든다는 뜻으로, 잘못한 사람이 도리어 잘한 사람을 나무라는 경우를 이르는 말. 도망가도 시원찮을 도둑이 몽둥이를 들고 주인에게 대든다면 어이없는 일이겠지요. 우리도 때로는 잘못을 해 놓고도, 잘못을 인정하기 싫거나 무안해서 오히려 상대방에게 화낸 적이 있을 거예요. 자신의 실수를 인정하고 상대방의 입장을 헤아려 진심으로 사과하고 뉘우치는 자세가 필요해요.

비슷한 사자성어

주객전도(主客顚倒): 주인과 손의 위치가 서로 뒤바뀐다는 뜻으로, 사물의 경중·선후·완급 따위가 서로 뒤바뀜을 이르는 말

객반위주(客反爲主): 손님이 도리어 주인 노릇을 한다는 뜻

본말전도(本末顚倒): 사물의 순서나 위치 또는 이치가 거꾸로 된 것

36 전전긍긍(戰戰兢兢)

몹시 두려워서 벌벌 떨며 조심함

최신형 스쿠터를 장만한 후부터 잠을 못 이루는 조철왕

뒤척 뒤척

그만 좀 뒤척거려요. 잠금장치도 해 놨다면서….

도저히 안 되겠어!!!

벌떡

전전긍긍

戰 戰 兢 兢
싸움 전   떨릴 긍

전전이란 겁을 집어먹고 떠는 모양을, 긍긍은 몸을 삼가고 조심하는 것을 말해요. 《시경》과 《논어》에 등장하는 전전긍긍은 깊은 연못이나 얇은 얼음판을 밟고 지나가는 것같이 매사에 행동을 조심하라는 좋은 의미였는데, 요즈음에는 주로 부정적 의미로 쓰여요. 잘못을 저질러 놓고 그것이 발각될까 봐 두려워한다거나 어떤 사건의 여파가 자신에게 미칠까 불안에 떠는 경우 등에 흔히 쓰이지요.

비슷한 사자성어

불한이율 (不寒而慄) : 춥지 않은데 공포에 떨린다는 뜻으로, 포악한 정치로 백성들이 두려워하는 것을 이르는 말

소심익익 (小心翼翼) : 조심스럽고 겸손함

긍긍업업 (兢兢業業) : 항상 조심하여 삼감, 또는 그런 모양

37 조삼모사(朝三暮四)

당장 눈앞에 나타나는 차이만 알고
그 결과가 같다는 것은 모르는 어리석음

조삼모사

朝 三 暮 四
아침 조 석 삼 저물 모 넉 사

송나라의 저공은 원숭이들에게 줄 먹이가 부족하자 아침에는 도토리를 세 개, 저녁에는 네 개 주겠다고 말했지요. 원숭이들이 너무 적다면서 화를 내자, 저공은 아침에 네 개 주고 저녁에 세 개를 주겠다고 하니 원숭이들이 좋아했어요. '조삼모사'는 꾀로 다른 사람을 속인다는 뜻의 고사성어랍니다. 당장 눈앞에 나타나는 차이만 보고 똑같은 결과를 모르는 어리석음을 꼬집는 말이기도 해요.

비슷한 사자성어

감언이설 (甘言利說): 귀가 솔깃하도록 남의 비위를 맞추거나 이로운 조건을 내세워 꾀는 말

38 주객전도(主客顚倒)

손님이 주인 노릇을 하듯 역할이나 처지가 뒤바뀐 모습을 가리킴

주객전도

主客顛倒
주인 **주**　손 **객**　엎드릴 **전**　넘어질 **도**

주인은 손님처럼 손님은 주인처럼 각각 행동을 바꾸어 한다는 뜻으로, 주인과 손님의 입장이 뒤바뀐 것을 나타내는 말이에요. 앞뒤의 차례가 서로 뒤바뀌거나, 일의 중요성과 중요하지 않은 것, 급한 일과 급하지 않은 것의 순서가 바뀌었다는 뜻이지요. 영화에서 주인공보다 조연의 비중이 더 커졌다든가, 밥값보다 음료수 값이 더 나오는 등 여러 상황에서 쓰일 수 있는 말이에요.

비슷한 사자성어

객반위주 (客反爲主): 손님이 도리어 주인 노릇을 한다는 뜻
족반거상 (足反居上): 교발이 도리어 위에 있다는 뜻으로, 사물이 거꾸로 뒤집힘을 이르는 말

39 주경야독(晝耕夜讀)

바쁜 틈을 내어 어렵게 공부하는
생활을 나타내는 말

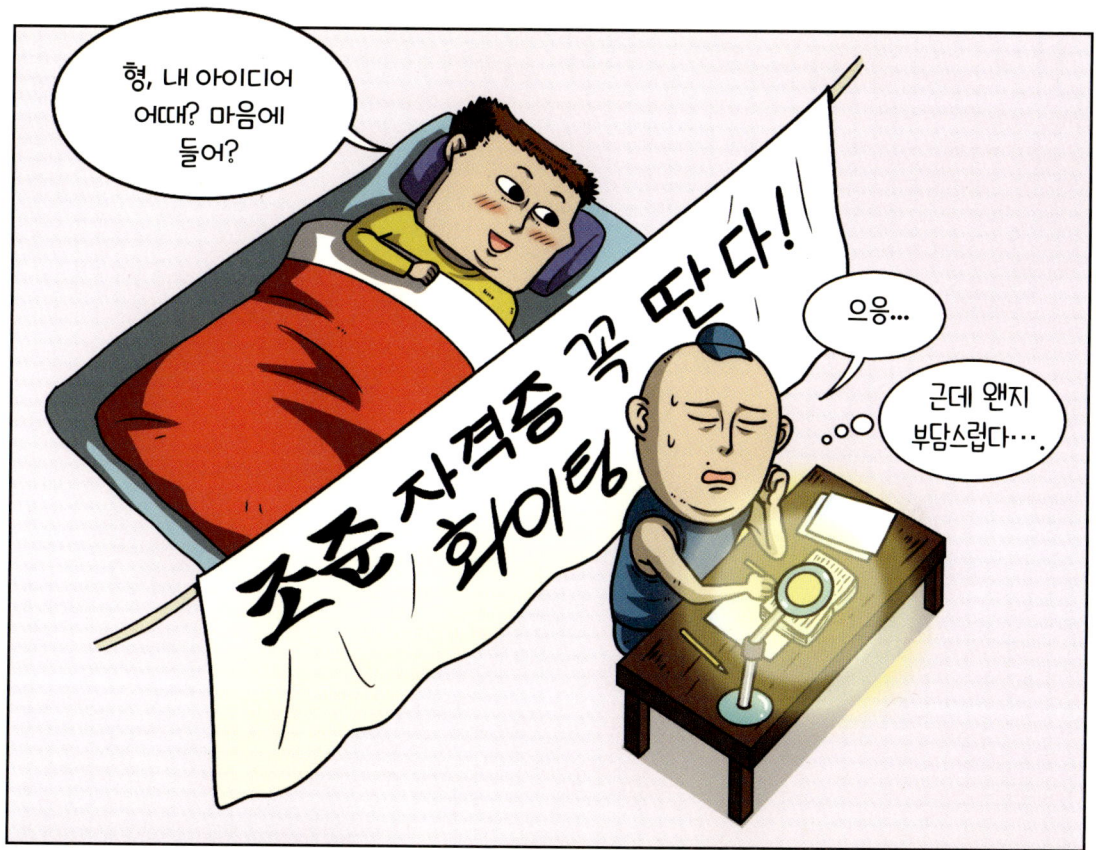

주경야독

晝耕夜讀
낮 **주** 밭 갈 **경** 밤 **야** 읽을 **독**

낮에는 농사짓고 밤에는 글을 읽는다는 뜻으로, 바쁜 틈을 내어 어렵게 공부하는 생활을 나타내는 말이에요. 옛날 가난한 선비들의 주된 생활 모습이었지요. 오늘날에는 낮에는 직장에 나가고 밤에는 자기 계발을 위해 공부한다거나, 등록금을 마련하기 위해 아르바이트를 하면서 대학교에 다니는 경우 등이 있겠지요. 어려운 여건 속에서도 꿋꿋이 공부하다 보면 자신의 꿈을 이룰 수 있을 거예요.

비슷한 사자성어

형설지공 (螢雪之功): 반딧불, 눈과 함께 하는 노력이라는 뜻으로, 고생을 하면서 부지런하고 꾸준하게 공부하는 자세를 이르는 말

청경우독 (晴耕雨讀): 날이 개면 논밭을 갈고 비가 오면 글을 읽는다는 뜻

40 천재일우(千載一遇)

좀처럼 만나기 어려운 기회를 이르는 말

천재일우

千載一遇
일천 천 해 재(실을 재) 한 일 만날 우

천 년에 한 번 만난다는 뜻으로, 좀처럼 얻기 어려운 좋은 기회를 가리킬 때 쓰는 말이에요. 하지만 아무리 좋은 기회가 왔어도 아무런 준비가 되어 있지 않다면 아까운 기회는 날아가 버리고 말겠지요? 살면서 좋은 기회는 반드시 찾아온답니다. 그 기회를 잡을 수 있는 사람이 되기 위해선 꾸준히 노력하고 실력을 쌓아 놔야 해요.

비슷한 사자성어

만세일기 (萬歲一期): 만 년에 한 번 있는 기회

천재일시 (千載一時)
천재일회 (千載一會) ― 천 년 동안 단 한 번 만난다는 뜻으로, 좀처럼 만나기 어려운 좋은 기회를 이르는 말
천세일시 (千歲一時)

고사성어 낱말퍼즐 4

가로 열쇠

1. 좀처럼 만나기 어려운 기회를 이르는 말
2. 바쁜 틈을 내어 어렵게 공부하는 생활을 나타내는 말
3. 몹시 두려워서 벌벌 떨며 조심함

세로 열쇠

1. 날마다 그날그날 겪은 일이나 생각, 느낌 따위를 적는 개인의 기록을 이르는 말
2. 더할 나위 없이 훌륭한 경치
3. 손님이 주인 노릇을 하듯 역할이나 처지가 뒤바뀐 모습을 가리킴

41 청출어람(青出於藍)

제자가 스승보다 나음을 이르는 말

청출어람

青出於藍
푸를 청 　 날 출 　 어조사 어 　 쪽 람

'청출어람'은 '청출어람 청어람(青出於藍 青於藍)'을 줄인 말이에요. 푸른색의 쪽에서 뽑아낸 푸른 물감이 쪽보다 더 푸르다는 뜻이지요. 푸른색이 쪽빛보다 더 푸르고, 얼음이 물보다 더 차가운 것처럼 학문에 뜻을 두고 깊이 정진하다 보면 제자가 스승보다 더 뛰어날 수도 있다는 말이에요. 스승도 제자가 자신을 뛰어넘을 만큼 실력이 좋아지면 가르친 보람을 느낀답니다.

비슷한 사자성어

후생각고 (後生角高): 뒤에 난 뿔이 우뚝하다는 뜻으로, 제자가 스승보다 뛰어날 때 이르는 말
출람지예 (出藍之譽): 청출어람의 명예라는 뜻으로, 제자나 후배가 스승이나 선배보다 낫다는 평판을 얻는 명예를 이르는 말

42 침소봉대 (針小棒大)

바늘처럼 작은 일을 몽둥이처럼 크게 부풀려 허풍을 떠는 모습

침소봉대

針小棒大
바늘 **침** 작을 **소** 몽둥이 **봉** 큰 **대**

바늘만 한 것을 몽둥이만 하다고 말함이란 뜻으로, 작은 일을 크게 부풀려서 허풍을 떠는 모습을 표현하는 말이에요. 사실을 있는 그대로 명확하게 밝히지 않고 일부러 부풀려 해석하는 경우나, 소수의 사례를 전체의 상황인 것처럼 확대 해석하는 것을 뜻하지요. 계속 허풍을 떨며 과장되게 말하다 보면 사람들로부터 신뢰를 잃을지도 모르니 사실 그대로 이야기하는 것이 좋겠지요?

비슷한 사자성어

과대황장 (過大皇張): 사실보다 지나치게 떠벌림

43 타산지석 (他山之石)

다른 사람의 하찮은 언행이나 실수로 자신을 갈고 닦는 데 도움이 된다는 말

예전에 살던 낡은 아파트는 층간소음이 무척 심했다.

쿵- 쿵-

으~ 또 시작이네.

형, 우리 아래층도 우리 때문에 시끄러울 때가 있겠지?

그럴지도 모르지. 우리는 윗집 사람처럼 행동하지 말고 걸어다닐 때도 조심하자.

타산지석

他山之石
다를 **타**　뫼 **산**　갈 **지**　돌 **석**

다른 산에 있는 돌이라 해도 나의 옥을 가는 데 큰 도움이 된다는 뜻으로, 다른 사람의 사소한 언행이나 실수라도 나에게는 커다란 교훈이나 도움이 될 수 있음을 말해요. 다른 사람의 좋은 행동을 본받는 데에도 쓰이지만, 다른 사람의 잘못된 말과 행동을 통해 나는 그런 말과 행동을 하면 안 되겠다고 교훈을 얻는 것을 의미하기도 하지요.

비슷한 사자성어

공옥이석 (攻玉以石): 옥을 가는 데 돌로 한다는 뜻으로, 천한 물건으로 귀한 것을 만듦을 이르는 말

반면교사 (反面教師): 사람이나 사물 따위의 부정적인 면에서 얻는 깨달음이나 가르침을 주는 대상을 이르는 말

전거복철 (前車覆轍): 앞에 간 수레가 뒤집힌 바퀴 자국이라는 뜻으로, 앞의 실패를 본보기 삼아 주의함을 이르는 말

44 파죽지세(破竹之勢)

거칠 것 없이 맹렬한 기세로 나아가는 모습

파죽지세

破竹之勢
깨뜨릴 **파**　대 **죽**　갈 **지**　기세 **세**

대나무 줄기는 쪼개기가 쉽지 않아요. 하지만 힘을 들여 한 번 쪼개고 나면 그다음에는 칼을 대기만 해도 그 결을 따라 끝까지 단숨에 쪼개지지요. 이렇게 대나무를 쪼개는 기세로 거칠 것 없이 맹렬하게 나아가는 모습을 나타내는 말이에요. 실력이 너무 뛰어나서 만나는 상대마다 쉽게 무너뜨리거나 대적할 상대가 없을 때, 거침없이 일이 잘 풀릴 때도 사용하는 말이에요.

비슷한 사자성어

세여파죽 (勢如破竹): 기세가 매우 대단하여 감히 대항할 만한 적이 없음
요원지화 (燎原之火): 무서운 형세로 타 나가는 벌판의 불이라는 뜻으로, 세력이 매우 대단하여 막을 수 없음을 비유적으로 이르는 말

45 표리부동(表裏不同)

속마음과 다르게 말하거나 행동하는 것,
겉과 속이 다른 음흉한 품성

표리부동

表 裏 不 同
겉 **표**　속 **리**　아닐 **부(불)**　같을 **동**

겉과 속이 같지 않다는 뜻으로 속마음과 다르게 말하거나 행동하는 것을 말해요. 앞에서 보이는 모습과 뒤에서 하는 생각이 일치하지 않는 것을 가리키지요. 겉은 훌륭해 보이나 속은 그렇지 못할 때, 앞에서는 듣는 체하면서 뒤에서는 비방하고 배신하는 경우처럼 진실하지 못한 속물적인 성품을 가리켜 사용하는 말이에요. 표리부동함이 지나치면 사람들의 신뢰를 얻기 어렵답니다.

비슷한 사자성어

구밀복검 (口蜜腹劍): 입에서는 달콤한 말을 하지만 뱃속에는 칼을 품고 있다는 뜻
면종복배 (面從腹背): 겉으로는 복종하는 체하면서 내심으로는 배반함
양두구육 (羊頭狗肉): 양의 머리를 걸어 놓고 개고기를 판다는 뜻으로, 겉보기만 그럴듯하게 보이고 속은 변변하지 못함 이르는 말
교언영색 (巧言令色): 아첨하는 말과 알랑거리는 태도

46 학수고대 (鶴首苦待)

학처럼 목을 길게 빼고 간절히 기다림

학수고대

鶴 首 苦 待
학 학　머리 수　쓸(심히) 고　기다릴 대

학처럼 목을 길게 빼고 몹시 기다린다는 뜻으로, 무언가를 간절히 기다릴 때 쓰는 말이에요.
학은 긴 목과 긴 다리를 가진 새예요. 학의 머리는 길게 뻗어 높은 곳을 바라보고 있죠. 그래서 누군가 또는 무엇인가를 목이 빠지게 기다리는 모습을 이렇게 표현해요. 간절히 기다리고 바란다는 뜻이지요. 생일 선물을 받기 위해 생일날만 손꼽아 기다리고, 시험을 치르고 합격 소식만 기다리는 등등이 학수고대하는 모습이랍니다.

비슷한 사자성어

교족이대 (翹足而待): 발돋움하고 서서 이제나저제나 하고 기다리는 모양
연경거종 (延頸擧踵): 목을 늘이고 발뒤꿈치를 올리며 사람이 찾아오기를 고대하는 모양

47 함흥차사(咸興差使)

심부름 간 사람이 돌아오지 않거나 아무 소식이 없을 때 사용하는 말

함흥차사

咸 興 差 使
다 함　일 흥　다를 차　하여금 사

함흥으로 보낸 심부름꾼이라는 뜻으로, 조선 초 태조 이성계를 모시러 함흥으로 간 사신이 돌아오지 않아 생긴 말이에요. 심부름을 가서 오지 않거나 어떠한 소식도 없는 상황을 이르는 말이지요. 심부름뿐만 아니라 어딘가에 간 사람이 돌아오지 않거나 소식이 없을 때 답답하고 걱정되는 마음으로 이 말을 써요.

비슷한 사자성어

일무소식 (一無消息): 전혀 소식이 없음
종무소식 (終無消息): 끝내 아무 소식이 없음

48 호가호위 (狐假虎威)

남의 권위와 세력을 빌려 위세를 부림

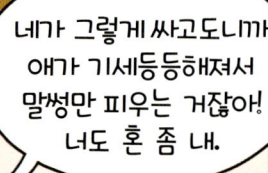

호가호위

狐假虎威
여우 호 빌릴 가 범 호 위엄 위

여우가 호랑이의 위세를 빌려 호기를 부리는 모습으로, 남의 세력을 빌어 허세를 부리거나 으스대는 것을 비꼬는 말이에요. '사또 덕에 나팔 분다.'나 '포수 집 강아지 범 무서운 줄 모른다.'는 속담도 비슷한 뜻으로 쓰인답니다. 다른 사람에게서 나온 세력은 오래가지 않아요. 다른 사람의 힘을 빌리기보다는 자신을 실력을 쌓는 데 힘을 기울여 보세요.

비슷한 사자성어

가호위호 (假虎威狐) : 여우가 호랑이의 위세를 빌어 다른 짐승들을 위협함
차호위호 (借虎威狐) : 호랑이의 위세를 빌려 허세 부리는 여우

49 화룡점정 (畫龍點睛)

가장 핵심이 되는 부분을 마무리함으로써
일을 완벽하게 마침

화룡점정

畫 龍 點 睛
그림 **화** 용 **룡(용)** 점 **점** 눈동자 **정**

용을 그리고 난 후에 마지막으로 눈동자를 그려 넣었더니 그 용이 홀연히 구름을 타고 하늘로 날아올라갔다는 이야기에서 유래한 말이에요. 용을 그린 뒤 눈동자에 점을 찍는다는 뜻으로, 가장 핵심이 되는 부분을 마무리함으로써 일을 완벽하게 마친다는 뜻이지요. 운동회에서 마지막으로 하는 이어달리기나 축제의 마지막을 장식하는 불꽃놀이 등이 화룡점정이라고 할 수 있겠죠?

비슷한 사자성어

금상첨화 (錦上添花): 비단 위에 꽃을 더한다는 말로, 좋은 것 위에 더욱 좋은 것을 더한다는 뜻

50 환골탈태(換骨奪胎)

모습이 몰라볼 정도로 새롭게 변하거나
시나 문장이 완전히 새로워짐

환골탈태

換骨奪胎
바꿀 환　뼈 골　빼앗을 탈　아이 밸 태

뼈를 바꾸고 태를 빼앗는다는 뜻으로, 사람의 용모나 됨됨이, 실력 등이 전과 다른 새로운 모습이 되었음을 비유하는 말이에요. 시나 문장이 다른 사람의 손을 거쳐 완전히 새로워졌을 때도 사용하지요. 이와 비슷하게 뼈를 깎는 고통과 반성을 통해 무언가를 새롭게 하겠다는 말도 있어요. 환골탈태는 뜻처럼 쉬운 일이 아니랍니다. 단단한 결심과 끊임없는 노력이 있어야 이루어지는 것이지요.

비슷한 사자성어
탈태환체 (奪胎換體): 남의 작품의 형식을 고치고 바꾸어 자기의 것으로 함
일취월장 (日就月將): 나날이 다달이 자라거나 발전함

고사성어 낱말퍼즐 5

가로 열쇠

1. 거칠 것 없이 맹렬한 기세로 나아가는 모습
2. 상을 주는 뜻을 표하여 주는 증서
3. 가장 핵심이 되는 부분을 마무리함으로써 일을 완벽하게 마치다

세로 열쇠

1. 여름밤에 서늘한 기운이 돌게 하기 위하여 끼고 자는 대오리로 길고 둥글게 얼기설기 엮어 만든 기구
2. 기세가 매우 대단하여 감히 대항할 만한 적이 없음
3. 비단 위에 꽃을 더한다는 말로, 좋은 것 위에 더욱 좋은 것을 더한다는 뜻

네이버 최고 웹툰 [마음의 소리]
재미있는 만화로 속담+과학 상식 레벨 업!!

슬기로운 과학생활

① 바퀴벌레가 된 조석
② 우주로 간 조석

조석과 가족들의 파란만장한 일상생활!!
이들에게 일어나는 온갖 사건사고에 숨어 있는
과학 원리를 찾아보세요!

국어 실력이 폭발하는 다이너마이트 속담

반전 매력이 '빵빵' 터지는
다이너마이트 속담을 만나 보세요!

NAVER WEBTOON 2021 ⓒ조석
본 제품은 한국 내 독점 판권 소유자인 네이버웹툰 유한회사와의
상품화 계약에 의해 제작, 생산되므로 무단 복제 시 법의 처벌을 받습니다.

※ 가까운 서점 및 마트, 인터넷 서점에 있습니다. ※ 문의처: 02-828-8962

(주)학산문화사 발행

신비아파트 고스트볼 X의 탄생 기획 도서 시리즈!!

개념 잡는 수학학습만화
공포수학 1~4권

수학 개념을 재미있는 만화와 함께 알아보자!!
세 자리 수 계산과 분수, 소수도 머리에 쏙쏙!
1권 여러 가지 도형과 길이 재기 **2권** 세 자리 수 연산과 분수
3권 길이·들이·무게 계산과 큰 수 읽기 **4권** 곱셈과 나눗셈·분수의 덧셈과 뺄셈

만화와 함께 보는 심리 게임
두근두근 무서운 심리테스트 1~2권

신비, 금비가 알려주는 내 숨겨진 재능은?
만화&심리게임으로 궁금증을 풀어보자!

- 친구의 속마음은?
- 그 아이의 감정은?
- 혈액형별 성격 대공개!
- 내 숨겨진 재능은?

수학개념을 깨우쳐 주는 동화
수학귀신을 잡아라! 1~4권

각도와 삼각형, 원 등
도형의 원리로 수학 귀신을 물리쳐라!
1권 나와라! 분수의 요술 **2권** 나와라! 도형의 요술
3권 나와라! 도형의 원리 **4권** 나와라! 곱셈의 요술

어린이 안전 과학 동화
재난 탈출 서바이벌 1~2권

생활 곳곳에서 우리의 안전을 지키기 위한
방법을 알려 주는 서바이벌 동화!
1권 미세먼지와 생활안전
2권 지진과 화재

초베스트셀러! 세계 어린이 독자들이 인정한 미스터리 추리 소설 시리즈

천재 추리 탐정 셜록홈즈 1~5권

© 2010, 2012, 2013, 2015 Rightman Publishing Limited / Lui Hok Cheung

추리의 대가, 셜록 홈즈의 명쾌한 추리와 흥미로운 사건 속으로!!

① 권 20년간의 추적　**② 권** 뱀파이어의 비밀　**③ 권** 네 개의 서명
④ 권 탈옥범을 잡아라Ⅰ　**⑤ 권** 탈옥범을 잡아라Ⅱ

레이튼 미스터리 탐정사무소 -카트리에일의 수수께끼 파일- 1~4권

©LEVEL-5/CJ ENM, Fuji TV, DENTSU, USP, SHOGAKUKAN, Contents 3, PONYCANYON
©2018 Ayumu HIKAWA/SHOGAKUKAN

소녀 탐정 카트리에일의 기상천외하고 통쾌한 사건 풀이가 시작된다!

Tooniverse 인기리 방영중!!

(주)학산문화사 발행　　※가까운 서점 및 마트, 인터넷 서점에 있습니다.　　※문의 : 02)828-8985

경제를 놀이처럼 쉽고 재미있게!
스마트한 세 살 경제 습관이 여든 간다!

아빠가 알려 주는 경제 이야기

부자가 되고 싶다고요?
자유롭게 돈을 쓰면서 살고 싶다고요?
《태토의 부자 되는 시간》에는
부자가 되는 비밀이 들어 있어요.
똑똑한 경제 동화가 미래의 나를
부자로 만들어 줄 거예요!

어른도 아이도 재미있는 경제보드게임
미래의 부자를 꿈꾸며 재미있는 게임 한 판!

신비아파트 학습 보드게임

카드 게임도 하고
속담, **고사성어**, **국기**도 익히고!

www.haksanpub.co.kr (주)학산문화사 문의 02-828-8962

2021년 6월 25일 초판 인쇄
2021년 7월 15일 초판 발행

■ **원작**/ 조석

■ **글**/ 안영주 ■ **그림**/ 김기수

■ **발행인**/ 정동훈
■ **편집인**/ 여영아
■ **편집**/ 송미진, 김상범
■ **미술**/ 김환겸
■ **제작**/ 김종훈
■ **발행처**/ (주)학산문화사
■ **등록**/ 1995년 7월 1일 제3-632호
■ **주소**/ 서울시 동작구 상도로 282
■ **전화**/ (편집)02-828-8823, 8873 (주문)02-828-8962
■ **팩스**/ 02-823-5109
http://www.haksanpub.co.kr

NAVER WEBTOON 2021 ⓒ조석
※본 제품은 한국 내 독점 판권 소유자인 네이버웹툰 유한회사와의 상품화 계약에 의해 제작,
생산되므로 무단 복제 시 법의 처벌을 받습니다.

ISBN 979-11-348-8057-6
ISBN 979-11-348-8055-2 (세트)